AF253794

SOIS UN HOMME!

—

APPEL

A LA

JEUNESSE FRANÇAISE D'AUJOURD'HUI

PRONONCÉ

LE 5 MAI 1872, A LA SALLE SAINT-ANDRÉ

PAR

ATHANASE COQUEREL FILS

PARIS

SANDOZ ET FISCHBACHER, ÉDITEURS

33, RUE DE SEINE ET RUE DES SAINTS-PÈRES, 33

—

1872

SOIS UN HOMME !

PARIS. — TYP. DE CH. MEYRUEIS
13, RUE CUJAS. — 1872.

SOIS UN HOMME!

—

APPEL

A LA

JEUNESSE FRANÇAISE D'AUJOURD'HUI

PRONONCÉ

LE 5 MAI 1872, A LA SALLE SAINT-ANDRÉ

PAR

ATHANASE COQUEREL FILS

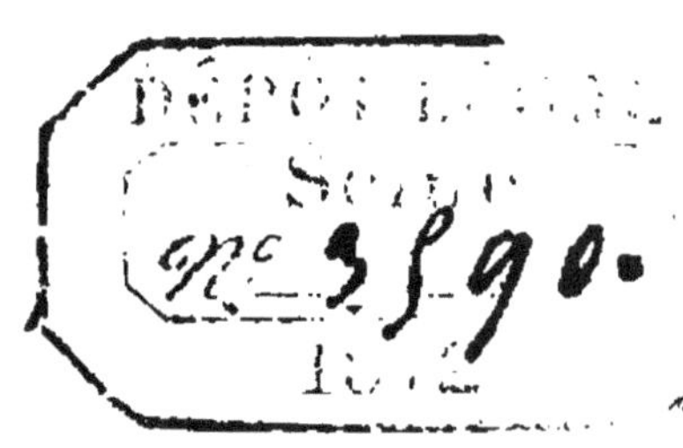

PARIS
SANDOZ ET FISCHBACHER, ÉDITEURS
33, RUE DE SEINE ET RUE DES SAINTS-PÈRES, 33

—

1872

SOIS UN HOMME!

(1 Rois II, 2.)

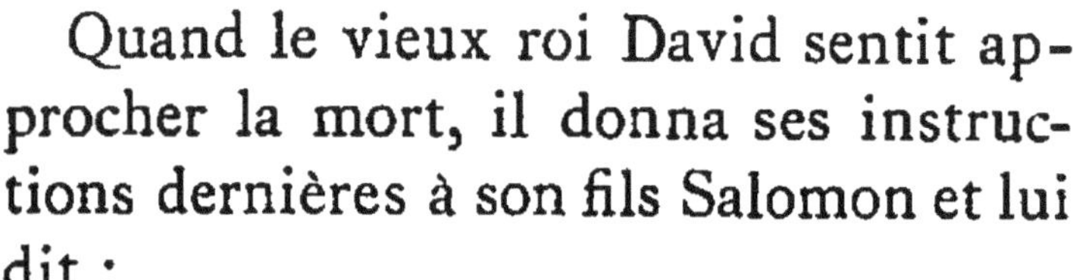

Quand le vieux roi David sentit approcher la mort, il donna ses instructions dernières à son fils Salomon et lui dit :

« Je m'en vais par le chemin de toute la terre; prends courage : *Sois un homme!* » Si ce trait, d'une beauté véritablement antique, d'une simplicité grandiose, appartenait à l'histoire romaine ou grecque, il serait connu de tous et partout cité. Parce qu'il est dans la Bible, on l'ignore.

N'est-il pas prodigieux que ce mot, qui ferait le plus grand honneur à un sage d'Athènes ou un philosophe moderne, nous vienne de la Judée et date d'environ trois mille ans?

Un roi puissant va mourir, rassasié de jours, d'opulence et de gloire. C'est un conquérant; par des guerres perpétuelles et heureuses, il a agrandi son pays aux dépens des peuples, ses voisins; devenu de simple berger monarque d'un royaume encore étroit et à peine formé, il meurt maître absolu d'un des plus vastes empires du monde à ce moment de l'histoire. Cet homme est plus que roi, c'est un poëte de génie; et quelques-unes de ses hymnes traduites en tout langage humain charment encore ou édifient tous les jours les plus grands peuples de la terre, par la hardiesse et l'ampleur des mouvements, l'éclat des images et surtout la puissance, la profondeur incomparable de l'émotion. Enfin, malgré les fautes énormes, inex-

cusables où l'entraîna l'impétuosité
passionnée de son caractère, augmentée
par la dangereuse ivresse du pouvoir
absolu, ce roi vainqueur, ce poëte à jamais illustre, se trouve être un homme
ardemment pieux, qui a fait preuve
d'une rare et mâle ferveur religieuse
dans ses joies, sa haute fortune; ses re-
pentirs, ses malheurs de souverain et de
père. Il va léguer à son fils ses grands
Etats, un trésor qui regorge de richesses
accumulées, une gloire que l'Orient tout
entier n'oubliera jamais, de grands ouvrages politiques et religieux, tout prêts
à exécuter, une paix féconde assurée
pour plus d'une génération.

C'est au milieu de tant d'avantages
et d'honneurs que David annonce sa fin
prochaine à Salomon, son héritier, qui
est encore un tout jeune homme. Je
m'en vais, dit-il employant une poétique
et naïve expression depuis longtemps

consacrée dans cette langue hébraïque qu'il a tant assouplie et embellie : *Je m'en vais par le chemin de toute la terre,* par le chemin où passe tout ce qui vit. Ne te laisse abattre ni par le coup qui va me frapper, ni par le fardeau de la toute-puissance qui va peser sur toi : *prends courage ;* et pour régner après moi, pour que tu deviennes à la fois un des maîtres du monde, un des rois de la pensée, et un grand serviteur de Dieu, je ne te dis qu'un seul mot qui embrasse et résume tout : *sois un homme !*

Héroïque langage, plein de vraie sagesse et d'une haute majesté! David a raison : Que pouvait-il dire de plus nécessaire, de plus vrai, de plus complet?

Et que peut-on dire de mieux dans toutes circonstances à la jeunesse de tout temps et de tout pays?

Pour ma part, je ne suis ni prophète

ni roi, je suis un simple citoyen qui aime son pays affreusement désolé et un simple pasteur qui s'intéresse tendrement à des jeunes gens initiés par lui aux vérités de l'Evangile et aux libertés de la foi protestante. Ils ne sont appelés sans doute, ni au pouvoir exorbitant, ni à l'opulence proverbiale, ni à la renommée d'écrivain et de sage qui ont illustré Salomon. Ils ont à vivre dans une patrie glorieuse après tout, mais vaincue, mutilée, spoliée; dans une grande cité échappée à peine aux plus cruels désastres et qui portera longtemps au front les marques sanglantes, les stigmates hideux de l'invasion et de la discorde civile, les plaies encore ouvertes que lui ont laissées le fer et l'incendie, les éclats des bombes et la flamme horrible du pétrole.

Les devoirs de ces jeunes gens ne ressemblent en rien à ceux de l'héritier du

trône de Jérusalem, si ce n'est qu'ils
sont aussi graves, aussi lourds, plus difficiles peut-être et plus nécessaires à
bien remplir; et je n'ai pas aujourd'hui
de meilleur conseil à leur donner que
l'exhortation héroïque du vieux roi-
prophète à son successeur : *Sois un
homme !*

Ayant perdu, depuis huit ans et plus,
le droit de recevoir moi-même dans l'E-
glise, ceux que j'ai préparés à y entrer,
puni ainsi pour avoir voulu, dans le
domaine de la foi, être un homme et non
l'esclave complaisant d'une dogmatique
en faveur, j'ai pris le parti de donner
rendez-vous à mes enfants en la foi dans
ces murs bien étroits et bien humbles,
mais libres; et je leur demande de s'a-
dresser à eux-mêmes — je demande à
l'Eglise, à la patrie qui a tant besoin
d'eux, je demande à leurs pères et à
leurs mères, à leurs meilleurs amis, de

leur adresser, avec moi, et d'adresser à toute la jeunesse de notre grand Paris à demi dévasté, de notre France bien-aimée, à demi relevée, — cette grande parole qui dit tout : *Sois un homme !*

I.

Qu'est-ce, en tout temps et en toutes circonstances, qu'*être homme*, et quelles sont aujourd'hui, à notre époque de catastrophes et d'indispensable régénération, les obligations les plus urgentes, les plus sacrées que ce titre nous impose? Et d'abord à qui s'applique un semblable conseil?

Ai-je besoin de m'arrêter à vous dire, après dix-huit siècles de christianisme, qu'il vous concerne tous, sans distinction de sexe, et que si l'Orient barbare, insolemment grossier, rejette la femme presque en dehors de l'humanité, énumérant l'épouse, les sœurs et les filles du maître, en tête de ses possessions et de ses troupeaux, Jésus les a relevées de cet indigne abaissement, les a mises au même rang devant Dieu que leur époux et leur père, et qu'en un sens plus large, inconnu à David, nous pouvons et devons dire à la femme, à la jeune fille, non pas d'abdiquer en rien leur couronne de grâce et de dévouement, non pas de descendre audacieusement dans l'arène de la vie publique, mais de se considérer comme ayant une tâche aussi utile au genre humain que celle de l'homme, aussi grande, aussi belle, aussi sainte, celle d'élever la génération future, d'être pour l'avenir mystérieux ce que nous sommes pour le présent, gardiennes des destinées futures, auxquelles est dévolu le sacerdoce voilé, mais fécond de la postérité, mères de la patrie, institutrices de l'humanité, chargées d'initier à tous les progrès un monde naissant qui grandit et s'élève et qui demain prendra nos places. Il faut qu'elles apprennent, d'abord pour se l'adresser à elles-mêmes, dans un sens plus général, puis pour l'enseigner à leurs fils, à leurs neveux, à leurs pupilles, ce que veut dire ce mot auguste: *Sois un homme!*

Ce qu'il veut dire avant tout, pour elles comme pour nous, le voici : Devenir homme, c'est d'abord devenir un être qui pense; être homme, c'est savoir, c'est apprendre.

Français, nous sommes, entendez-le bien, une nation honteusement ignorante. Bien loin d'être à cet égard le premier et le plus grand des peuples, comme vous le disent de lâches flatteurs, vous n'êtes que le premier des derniers et des plus faibles.

Votre éducation populaire est misérablement insuffisante. Les cartes européennes et américaines où sont indiqués les progrès de l'instruction primaire sont pour nous un opprobre. Le paysan suisse, anglais, allemand (hélas!) ou hollandais, ou des Etats scandinaves, ou des Etats-Unis du Nord, a le droit de dire, d'un ton de blâme, au paysan français, à l'ouvrier français, plus intelligent cependant que la plupart d'entre eux : *Sois un homme;* apprends à lire !

L'éducation des gens du monde, soit universitaire, soit cléricale, est pauvre, trop peu pratique, trop peu profonde.

C'est l'écorce d'un arbre au lieu de l'arbre vivant. Nous rions, nous modernes démocrates, de ces nobles du vieux régime qui, à force d'esprit, d'habitude du monde, et souvent d'élégante audace, se passaient d'études, prétendant en savoir assez sur toutes choses sans avoir jamais rien appris. Mais on pourrait dire de nous que depuis nos révolutions, nous sommes tous à cet égard devenus gentilshommes ; nous abusons de notre spirituelle facilité, de notre faconde légère et brillante, d'un aplomb qui devient trop souvent de l'effronterie.

On parle de tout, on écrit sur tout, sans avoir fortement pensé, sans investigation approfondie, sans étude des faits, sans avoir même dénombré et réuni les éléments essentiels des questions que l'on tranche. Excepté dans des livres spéciaux de science ou d'histoire, qui sont l'honneur du génie français, on passe à vol d'oiseau sur toutes choses; on décide à vue de pays, on juge sur échantillons; on reproduit à satiété un déluge d'idées rebattues, de phrases faites, de préjugés sans valeur. On n'a rien à dire et l'on parle presque bien. On n'a rien lu, ni vu, ni pensé, et l'on écrit, traitant par à peu près les sujets les plus amples ou les plus délicats. L'écrivain d'abord, le lecteur ensuite mâche à vide; j'emploie à dessein ces images, ces locutions dédaigneuses et populaires qui caractérisent à peine, en leur langage fort adouci, la creuse ineptie de beaucoup de nos livres. Enfin, chose plus significative peut-être encore, on parle beaucoup en France, mais on y lit peu; on y lit beaucoup moins les ouvrages utiles et solides que les autres. Ce qu'il se vend d'exemplaires de toute publication instructive parmi nous est pitoyable, auprès de ce qui s'achète avidement en Angleterre, en Amérique, en Allemagne, en Hollande.

Qui a enfanté ce néant? Ce n'est pas seulement l'outrecuidance ou la paresse d'esprit; il en existe une autre cause plus générale : la méthode et l'éducation catholiques. Qu'est-ce que la religion? Qu'est-ce que Dieu? Qui est Jésus? Que sont la vie, la mort, l'éternité? Que sera mon sort après la mort qui peut à chaque instant m'emporter? Où me jettera-t-elle et que deviendrai-je? Que sont devenus ceux que je pleure? Qu'est-ce que la Bible? Que doit être l'Eglise? Pourquoi un culte? Quelle est la tâche de la vie? Sur toutes ces questions et mille autres qui touchent à ce qui importe le plus en ce monde à chacun, le Français vraiment catholique répond : « Le clergé sait cela pour moi; l'autorité et les preuves sont dans ses mains, je m'en rapporte à son savoir. »

Dans un certain monde, il est de mauvais goût de témoigner sur les plus grands problèmes non pas le doute, mais la curiosité même : cela ne nous regarde pas; c'est l'affaire de l'Eglise.

S'agit-il de morale, de cas de conscience, d'un parti grave à prendre, le catholique français qui pratique sa religion, la femme surtout se dit : mon confesseur, mon directeur sait cela pour moi; je m'en rapporte à son savoir.

On consulte ces oracles, de même qu'en affaires, on s'entend avec son notaire ou son agent de change; de même qu'en politique on se fie à son gouvernement ou à son parti ou à son journal. On gagne ainsi de la liberté d'esprit, du loisir pour la dissipation et la gaieté. Mais, de temps en temps, ce repos qui consiste à ne plus faire ses affaires soi-même, à ne pas même les connaître à fond, est brusquement interrompu par

la chute épouvantable d'une fortune privée ou publique, d'un empire ou d'une
royauté. Dans le monde religieux, ce
doux sommeil d'esclave est quelque-
fois troublé par des *syllabus* ou des dé-
crets de concile qui ajoutent des chaînes
nouvelles et beaucoup plus lourdes à
celles dans lesquelles on dormait si bien.

Jeunes gens, c'est là, je le dis avec
honte, l'exemple qu'ont donné les gé-
nérations actuelles. Elles en ont été ru-
dement punies sous vos yeux. Ne faites
pas comme elles : osez savoir. Ayez le
courage d'apprendre; le courage, ai-je
dit? Il en faut : il faut apprendre beaucoup de choses, souvent difficiles, il faut
connaître, en religion, en politique tout
ce qui vous touche. Bien plus, comme
on ne sait à fond aucune chose isolée,
comme on ne comprend que ce qu'on a
comparé, il faut savoir l'histoire, la langue, l'organisation politique et sociale

de nos voisins; or, en ce temps de télé-
graphie électrique, le monde presque
entier est notre voisin. De même en religion. J'ai essayé cette année de donner
à mes catéchumènes, aux jeunes filles
ainsi qu'aux jeunes gens, comme intro-
duction à leur instruction religieuse,
un aperçu d'une science nouvelle et
très-féconde, l'histoire comparée des
religions. Les jeunes filles comme leurs
frères ont avidement écouté cet ensei-
gnement qui élargissait l'horizon de leur
esprit. Il faut poursuivre ces recher-
ches, creuser plus avant dans ce champ
d'étude. Si le charlatanisme officiel d'un
culte quel qu'il soit ose vous crier : N'entendez et ne voyez que moi; je suis seul
le bien et le vrai, toutes les autres religions n'ont été et ne sont que mensonge
et délire ou abomination et révolte, ré-
pondez avec l'Apôtre : *Le Dieu vivant
qui dans les temps passés a laissé cha-*

que nation marcher dans sa voie, n'a point cessé néanmoins de donner des témoignages de ce qu'il est. Il y a partout à apprendre, des idées à repousser ou à accueillir avec connaissance de cause. Choisissez donc ce que vous voulez être : soyez les esclaves du premier despote venu et du prêtre son complice; alors redoutez de savoir, ayez peur de la vérité parce qu'elle affranchit; vous seriez trop malheureux de savoir, trop en péril si vous vous compariez à autrui; suivez le conseil dégradant d'un grand dévot : abêtissez-vous ! Mais, si vous voulez donner à votre esprit quelque aliment, quelque vie, quelque dignité, savoir, savoir beaucoup de choses et les savoir à fond, devient pour vous une impérieuse nécessité, le devoir le plus urgent : *Soyez hommes* par la pensée!

II

On me répond : vous nous faites injure : ce n'est pas la hardiesse d'esprit qui manque à la France et à notre jeunesse, c'est le goût du travail. Il n'est encore, hélas! que trop vrai. Je voudrais transformer ma patrie en un immense atelier, rempli comme une ruche d'abeilles de tous les bourdonnements d'une activité infatigable. Je suis honteux, je l'avoue, d'entendre parler sans

cesse d'une partie seulement des Français sous ce nom auguste : les travailleurs, les classes laborieuses. Y a-t-il
donc des classes entières qui ne font
rien? Ah! je ne voudrais pas leur ap-
partenir. Certes, j'ai un profond respect pour l'ouvrier qui gagne le pain
de chaque jour à la sueur de son front
et à la force de son bras; mais je rougi-
rais d'être moins travailleur que lui et
de lui céder ce titre, comme un mono-
pole. En présence de tout ce qu'il y a à
faire dans le monde, à reconstruire dans
notre patrie, en présence de tant de
misères à guérir, de tant d'ignorance à
dissiper, de tant de problèmes à résoudre
(et quels problèmes! il en est qui, semblables au sphinx antique, dévorent les
hommes et les sociétés incapables d'en
trouver le mot), en présence du désordre
flagrant des faits et des idées, au milieu
de tant de ruines, à la lueur de tant

d'incendies, celui qui ne fait rien, qui fait peu de chose, qui fait des *riens*, n'est ni un citoyen, ni un homme.

Ce n'est nullement, vous le voyez, que je refuse le nom de travail, aux labeurs de l'esprit, ce n'est nullement que je flatte l'ouvrier en lui disant : il n'y a que tes bras qui travaillent. Cette indigne adulation serait un manque de respect, et l'ouvrier moderne, le nôtre surtout, sait bien que lui-même travaille non-seulement avec la main, mais encore avec l'idée, la volonté, le goût, l'habileté.

Ce n'est pas non plus que le travail du riche me semble moins obligatoire que le rude labeur du pauvre qui chaque jour a son pain à gagner. Loin de là. L'homme dans l'opulence ou la simple aisance, jouissant plus des biens de la terre et des libertés que lui vaut sa position, doit se piquer d'honneur et se rendre d'autant plus utile. S'il n'est qu'un consommateur des fruits qu'a produits la sueur d'autrui, il est un être méprisable.

Si vous êtes pauvres, jeunes gens, travaillez pour sauver votre dignité humaine des hontes de la mendicité valide. Si vous êtes riches, travaillez pour sauver votre dignité humaine de l'opprobre non moins réel de la fainéantise dorée.

Jeunes filles, riches ou pauvres, travaillez, étudiez, faites du bien, ne fût-ce que pour sauver votre dignité humaine de la honte des frivolités puériles. Ne vous laissez pas dire que votre gloire est d'orner de votre présence un salon, de plaire aux hommes par votre grâce ou votre beauté ou le charme de votre causerie. Votre esprit est fait pour de plus grandes choses. Votre âme doit être à la fois trop humble et trop fière pour

se contenter des vanités futiles de la co-
quetterie même la plus innocente. Ni
plaisir, ni luxe, ni beauté, ni esprit de
conversation et de brillant bavardage ou
de moquerie et de médisance ne sont
dignes de remplir votre vie, d'occuper
votre jeunesse... Soyez femmes par la
délicatesse des idées, des sentiments, par
la bonne grâce et le grand cœur, par le
dévouement et le sentiment de l'idéal;
mais l'activité utile est ordonnée à tous,
de même que la pensée, qui n'a pas de
sexe. Je ne crains pas de le dire : ne vous
laissez pas exiler du rang qui vous est
dû : soyez hommes, vous aussi, par le
travail. Il vous préservera des péril-
leuses rêveries, des oisivetés malsaines,
il vous sauvera de ce grand ennemi : le
vide de l'âme.

Avant que vous ayez le droit de vivre
inutiles, il faudra qu'il ne reste ni un
enfant malade à soigner, ni un enfant

ignorant à qui vous puissiez apprendre
à lire.

Si quelque chose pouvait ajouter à la
sainteté du travail, ce serait son urgence. Avez-vous vu le soc profond de la
charrue déchirer, soulever, renverser à
droite et à gauche cette prodigieuse cité
pleine de demeures populeuses, de ma-
gasins bien remplis, qu'on appelle une
fourmilière? A peine l'énorme dégât est
fait, une multitude industrieuse d'insec-
tes légers accourt de toutes parts à la fois
sur la brèche pour réparer, relever, reconstruire, pour sauver. Pas un instant
de stérile désespoir, pas une minute de
stupeur, d'hébêtement. Tout de suite et
partout l'activité instinctive, ardente,
infatigablement dévouée. Les richesses
accumulées de ce peuple en miniature,
ses vastes constructions, ses petits, sont
l'objet immédiat des secours et des soins
les plus rapides et les plus multipliés.

Notre France bien-aimée a été labourée de la sorte et jusqu'au fond ; tout y a été bouleversé par les crimes de la guerre et les horreurs de la discorde sociale. A l'œuvre tous ! Tous sur la brèche béante ! tous payant de leur personne et non pour un seul jour, non-seulement à l'heure où le sol tremble, où tout s'écroule, mais en ces temps de plus longue durée où il faut tout réédifier péniblement, où les ruines se réparent une à une, où la cité nouvelle sort du sol déchiré et des cendres à peine éteintes.

Eteintes, ai-je dit ? Mais est-il bien sûr que tous les incendies soient éteints ? qu'il ne reste pas, de part et d'autre, dans les cœurs, tout au moins des brandons encore brûlants qui pourraient détruire de nouveau les demeures à demi rebâties ? N'y a-t-il plus de feux qui couvent et pourraient se rallumer ? La réconciliation est-elle faite ? Le riche et le pauvre se comprennent-ils? L'ouvrier et le bourgeois se respectent-ils, s'aiment-ils? Sont-ils frères, ces fils naguère acharnés l'un contre l'autre, qui s'égorgeaient sur le corps de leur mère demi-morte, ter-rassée, mutilée, couverte de blessures et inondée de son sang le plus précieux?

Ah! l'incendie des pierres et du bois n'a été qu'une explosion du feu inté-rieur. Le pétrole qui flambe et ses épais tourbillons de noire fumée n'ont été que le symptôme extérieur des conflagra-tions intestines. Aussi, comme, en un jour d'incendie, tout citoyen doit tra-vailler à éteindre le brasier, fût-ce à son propre péril; comme tout passant doit faire la chaîne, tout homme de cœur s'exposer à la plus affreuse mort pour arracher du sein des flammes la femme et les enfants, le vieillard et l'infirme, de même nul ne peut se dispenser de travailler pour sauver la France, la société, le monde des effroyables éruptions du volcan souterrain, pour travailler pendant les jours de reprise et de calme à prévenir les embrasements futurs, à fermer le gouffre incandescent qui dévorerait tout, ou sans métaphore, travailler à concilier et à soulager. C'est le devoir irréfragable, c'est la suprême obligation, c'est la plus élémentaire prévoyance, c'est la charité la plus urgente, c'est la dignité, c'est l'humanité. Français de 1872, après l'écrasement de ta patrie, après l'incendie de la société dont tu es membre, résiste violemment au mal, développe et fonde héroïquement le bien; ne sois pas le vil jouet des circonstances, le roseau que courbent toutes les tempêtes, la feuille sèche que tous les vents balayent, la poussière que chaque souffle enlève, la goutte d'eau qu'absorbe l'Océan : sois homme par le travail ou tu n'es rien, sois homme ou tu es perdu.

III.

Pour cette grande tâche ni le savoir ni
l'activité ne suffisent; il y faut une vraie
et vive et fraternelle sympathie. Je ne
puis vous parler comme à des êtres iso-
lés. Vous êtes, nous sommes tous soli-
daires, le savant et l'ignorant, le fort et
le faible, l'opulent et le nécessiteux. Etre
homme ce n'est pas seulement savoir et
vouloir, c'est aimer. Dieu a tracé autour
de chacun de nous trois cercles mystérieux et de plus en plus étroits : à l'ho-

rizon immense qui embrasse tout, l'humanité; beaucoup plus près, la patrie; et enfin, nous touchant par tous les points, la famille. A ces trois mères, vous vous devez tous.

Oh! je n'ignore pas que la France corrompue et railleuse a ri de ces grands mots, les a tournés en dérision comme surannés et ridicules. Mes frères, mes concitoyens, si le scepticisme exagéré de l'esprit est une calamité, une impuissance, le scepticisme du cœur est un vice, une décadence morale. Il est résulté de nos dédains un triple et terrible châtiment; nous nous sommes détachés de nos semblables, nous n'avons plus eu d'amis; nos voisins nous ont regardé égorger avec une odieuse indifférence, non sans mélange parfois d'une sorte de jalouse joie à nous voir tombés si bas, si cruellement assassinés. Tout le monde a sa part de honte dans cette histoire :

la France qui permit à un criminel de la
jeter dans cette détestable et folle aven-
ture; l'ennemi qui a odieusement dés-
honoré sa victoire, comme si elle était
trop grande pour lui, après l'avoir lon-
guement préparée dans l'ombre; l'humanité qui a regardé froidement le crime
se commettre à l'aise, au lieu de faire ce
que ferait le premier venu dans la rue
en voyant deux hommes s'acharner l'un
sur l'autre, séparer les combattants.

En France, beaucoup de froides âmes,
corrompues ou égarées, ne croyaient plus
à la patrie. Elles ont eu le temps et l'oc-
casion d'apprendre que le déshonneur,
la ruine, la mutilation d'une mère at-
teignent tous ses enfants.

Enfin, nous avions perdu l'esprit de
famille; une multitude d'ouvriers en
méconnaissent les lois les plus élémen-
taires : je ne veux pas aujourd'hui in-
sister sur ce désordre; vous ne savez pas,

comme nous pasteurs, combien d'enfants méconnus, combien de femmes délaissées, en gémissent amèrement tous les jours. D'un autre côté, le bourgeois et l'homme du monde scandalisent à peu près périodiquement les moins délicats par des aventures où les mauvaises mœurs aboutissent au crime, qui défrayent beaucoup trop les entretiens des oisifs et qui ébranlent beaucoup plus profondément qu'on ne pense l'ordre social tout entier.

L'homme qui n'aime plus ni la famille, ni la patrie, ni l'humanité, et ne porte plus ce triple joug d'abnégation et de devoir, qu'il soit d'ailleurs un politique sceptique au faîte des grandeurs, mais sans cœur et sans foi, ou un énergumène incendiaire, n'est plus un homme; c'est une bête brute, beaucoup plus malfaisante que les autres, parce qu'elle a plus de ruse.

Et quand je parle d'aimer, je ne viens pas vous recommander je ne sais quelle sentimentalité vague et satisfaite à bon marché, se payant de grands mots et de phrases sonores. Aimer, c'est se dévouer, se donner, se dépenser, c'est, j'emploie à dessein un mot sévère que nous aimons peu en France, c'est servir. Aimer, c'est comprendre et pratiquer ce mot de l'Evangile : *Vous n'appartenez pas à vous-même.*

Vous appartenez à la famille. Dévouez-vous à elle, servez-la. C'est une chaîne que la vie de famille, je le sais bien. Il arrive un âge où le jeune homme, impatient d'essayer ses forces, se croyant souvent plus capable et plus digne d'une complète indépendance qu'il ne l'est encore, murmure contre la chaîne de la vie de famille et se plaint qu'elle est trop courte. Il devrait la bénir. Il apprendra plus tard,

à ses dépens, que le monde qui le tente
est dur et froid à côté de ces tendresses
du foyer qu'il trouve trop austères et
qui le gênent.

Prenez-y garde! Que l'animal déserte
sa mère dès qu'elle lui est inutile, c'est
sa nature basse et brutale. Il ne la con-
naît plus dès qu'il peut se passer d'elle.
Mais on n'est homme qu'à la condition
de servir les siens fidèlement. L'ingra-
titude est un vice inhumain entre tous,
contraire à notre noblesse naturelle, un
vice qui consiste à profiter lâchement
contre nos bienfaiteurs eux-mêmes des
forces que nous leur devons et du bien
qu'ils nous ont fait. Le dévouement à la
famille est le plus strict de tous les nœuds,
et quand ce lien sacré entre tous se re-
lâche, tout s'ébranle, tout se dissout.
Entre deux nations dont l'une est faite
de familles compactes, unies, et l'autre
d'individus flottants, sans attaches, il

est infaillible que la première domptera ou écrasera l'autre si elle le veut. Même sans intervention étrangère, par le procédé naturel du désagrégement et de la dissolution, un peuple où les familles ne sont plus, tombe en pourriture. L'empire romain en est mort. Cette gangrène nous a attaqués à notre tour, et nous en ressentons les effets destructeurs.

En servant la famille, vous servez donc la patrie. Bientôt, elle vous demandera à tous, jeunes hommes, riches ou pauvres, l'impôt du sang ; elle en a le droit et vous le lui devez. Ce sera un progrès réel vers la fraternité de ses enfants que cette égalité nécessaire dans le service personnel du pays. Mais vous lui devez plus que des actes matériels d'obéissance, ou même de sacrifice, vous lui devez le dévouement, l'amour. Ses malheurs lui donnent sur vous des droits plus sacrés. C'est une consécration touchante et sublime. C'est, sous un crêpe de deuil, une sanglante auréole; c'est une dette auguste de réparation et de réhabilitation. Il y a, en ce moment où je vous parle, de l'autre côté d'une frontière nouvelle et mensongère, des Français, nos frères, dont l'amour pour la France à laquelle on les arrache peut nous servir d'exemple et devrait faire honte à notre froideur. Soyons tous dignes de leur affection persévérante, de leur héroïque patriotisme. Aimons et servons, fût-ce au prix de tout ce qui nous est le plus cher, cette France mutilée qu'ils pleurent, que leurs nobles regrets honorent et nous rendent toujours plus chère. Qui n'est pas un citoyen plein d'amour, et prêt à tous les sacrifices au milieu d'un pareil deuil, est moins qu'un homme.

Enfin servez le genre humain. Hommes, tout homme a sur vous quelque droit comme vous sur lui. Le christianisme a aboli toutes les haines de race et proscrit toutes les inimitiés religieuses. *Il n'y a plus*, dit et redit saint Paul, *ni Grec, ni Juif; ni Scythe, ni barbare; ni esclave, ni maître; ni homme, ni femme : vous êtes tous un en Jésus-Christ* (1).

Lorsque Jésus veut exalter, chez le plus exclusif des peuples, le devoir d'une charité universelle et fraternelle à l'égard du genre humain tout entier, il représente le bienfaiteur sous les traits d'un étranger hérétique et détesté, tandis que l'infortuné auquel le Samaritain se dévoue est désigné par un seul titre auguste qui dit tout : un homme; or, comme en fait d'amour et d'abnégation la loi juste et vraie est celle de la réciprocité, voici ce que cette loi vous impose, même envers le plus haï des Sa-

____

(1) Gal. III, 28; Rom. X, 12; Col. III, 11.

maritains, même envers l'homme d'une autre race, d'un autre peuple, d'une autre foi : qui que tu sois, sois bon pour lui, sois humain à son égard, sois son frère ou tu n'es pas un homme.

I

Tout ceci ne suffit pas encore. Etre homme par la pensée et par l'action, être homme au service de la famille, de la patrie, de l'humanité elle-même, c'est trop peu. Voilà bien des vertus éparses, voilà des épis du plus pur froment ; mais il y manque le lien qui en fera une gerbe. Voilà, pour emprunter au maître une de ses similitudes familières, la pâte délicate et nourricière qui deviendra un pain savoureux; mais il y manque le levain. Voilà, pour parler un langage plus moderne, bien des éléments de progrès et de vie; mais il y manque un principe commun de développement, la force d'expansion, l'impulsion. Il y manque la religion bien entendue, c'est-à-dire l'élan vers l'infini, l'âme de tous les progrès, l'ascension éternelle des êtres vers la perfection qui les charme et les attire, qui est réelle et vivante, qui est une force et une volonté, le suprême amour, Dieu lui-même.

Sans religion, l'homme est un être incomplet, une statue tronquée; le progrès n'a pas en lui un point de départ assez profond, n'a pas devant lui un point d'arrivée assez élevé.

Je n'ignore pas, je n'oublie pas un instant que, comme l'eau où l'homme devrait s'abreuver le noie, comme le feu où il devrait se réchauffer le dévore, la religion tournée contre son but, au lieu d'épanouir et d'émanciper, asservit et tue. Je conviens volontiers que, parce qu'elle est la première des puissances dans l'ordre moral, elle est le premier des maux si on l'emploie à faire le contraire de ce qu'elle devrait. En d'autres termes, c'est précisément parce qu'elle a son siége à la racine commune de toutes nos facultés, au fond, au centre, au nœud même de l'âme, qu'elle peut tout vicier et tout paralyser, tandis que sa mission est de tout affranchir et de tout vivifier.

Soyez religieux, jeunes gens et jeunes filles, soyez sainement, librement religieux. Si vous êtes indifférents et incomplets, vous favorisez nécessairement l'athéisme qui, à son tour, profite au fanatisme. Ils s'enfantent sans cesse, l'un l'autre, surtout dans notre pays. Tout ce qui est clérical en France révolte justement les consciences, fait les affaires de l'impiété et lui jette sa proie. Tout athéisme, à son tour, révolte le sens religieux qui fait partie intégrante de notre être et qui nous pousse vers Dieu et l'infini; aussi, par un retour naturel, fatal, infaillible, l'athéisme précipite les multitudes humaines aux pieds de la papauté. Ainsi ces deux abîmes s'appellent l'un l'autre, et notre malheureuse patrie oscille entre deux fléaux également intolérables. La France jusqu'ici a été trop catholique pour rester libre et trop libre pour rester catholique. Jeunes gens et jeunes filles qui, après un examen parfaitement sincère, demandez à être reçus membres de l'Eglise de la réforme, c'est à vous d'apprendre à votre patrie par des faits, par votre vie et votre exemple qu'on peut être parfaitement libre et profondément religieux, d'autant plus religieux qu'on est plus libre, et d'autant plus libre qu'on est plus religieux; d'autant plus chrétien qu'on est plus véritablement homme, et d'autant plus homme qu'on est plus véritablement chrétien.

Cette démonstration qui vous incombe est double. Prouvez d'abord dans votre vie privée que la religion nous pousse vers la perfection, qu'elle nous donne, entendez bien ce mot, la force d'être purs et probes. Tout ce qui est impur est faiblesse, a la faiblesse pour cause, et pour effet, l'affaiblissement. Tout ce qui souille notre vie, notre personne, notre imagination même, nous enlève quelque force ou du corps ou de l'âme. Ici encore se présente un fait qui a été mille fois prouvé; une nation sans mœurs est énervée; toute autre, à peu près son égale mais plus chaste, pourra la vaincre. Quand la dignité des mœurs sans tache fait défaut à la femme, quand la virilité austère n'existe plus chez les hommes, quand la probité même est perdue, le déclin est commencé, une telle nation ne peut durer.

Bien plus (j'ai peur de ce que je vais dire et cependant je suis forcé de le dire comme le prophète d'autrefois), il est de l'intérêt du monde, il est bon pour l'humanité que cette nation avilie périsse, et par une loi de Dieu aussi juste qu'inexorable, cela arrive infailliblement. Nos ennemis l'ont dit de nous. Sans doute, ils ont fermé les yeux sur leurs propres torts et ils ont exagéré à plaisir les nôtres; ils ont étendu à toute la France les hontes de ses moins dignes fils, ils ont pris l'écume pour la liqueur, parce que l'écume était montée, en bouillonnant, à la surface. Et cependant, tout n'est pas mensonge dans leurs accusations.

Aussi, je vous conjure, ô mes jeunes compatriotes, chère espérance de notre patrie désolée, je vous conjure d'être assez forts pour rester probes et purs.

Il y a urgence, au point où nous en sommes; la moralité vulgaire, la médiocre honnêteté avec laquelle une société tranquille pourrait durer ne suffisent plus. Il y faut de l'héroïsme; il y faut la vieille et grandiose droiture, la pureté admirable de nos pères huguenots, mais sans leur étroitesse. Sans morne dogmatisme et sans une religion d'observances superstitieuses, sans joug humain, sans abstinences monacales, sans confessionnal ni absolution, sans fuir au désert comme les moines ou les ermites, sans vous enfermer sous des grilles de couvent comme des nonnes, dans le monde, dans la société, dans la vie générale comme Jésus, soyez assez forts pour être purs et probes, en obéissant à une religion de liberté et de lumière, de conscience et de foi.

Prouvez aussi à tous, et c'est la seconde démonstration que je vous demande, que cette même religion développe, émancipe, épanouit tous les talents et les cœurs. Arrière, arrière, et loin de nous la religion fausse et sèche qui rétrécit et glace! La nôtre met en réquisition et en activité tout ce qu'il y a de bon et de grand dans le monde ou au dedans de nous. Devenez des penseurs profonds et des philosophes au large coup d'œil, devenez les rois de la science ou les maîtres de l'art, devenez de bons et grands citoyens et en même temps d'humbles et nobles travailleurs, des membres utiles et dévoués de la famille. Apprenez beaucoup, car la pensée est immortelle et chaque vérité nouvelle que vous aurez atteinte sera un degré de l'échelle éternelle des vérités qui touche à la terre et qui s'élève à l'infini, de cieux en cieux, de mondes en mondes, jusqu'à Dieu.

Travaillez, car l'activité donne des forces et l'homme grandit de tout ce qu'il a fait pour le bien.

Aimez et dévouez-vous, car l'âme s'élargit par degrés, en s'étendant d'abord de l'égoïsme à l'esprit de famille, puis au patriotisme et, de là, à l'amour des hommes.

Adorez enfin, car sans cesse vous aurez besoin de prendre vers Dieu et le bien un nouvel essor. Prière après prière, culte après culte, communion après communion seront les renouvellements de votre alliance avec Dieu et avec vos frères ; ce sont les stations d'un sentier de montagne où l'on se repose et

se recueille un moment pour se re-
mettre en marche rajeuni, ravivé, et
gravir de nouvelles hauteurs, jusqu'à
cette cime des choses d'ici-bas, qu'on
appelle la mort et qui nous ouvre le ciel.

Alors, je ne sais quel nom plus sublime il faudra donner à notre être
épuré, agrandi, *transformé de gloire
en gloire à l'image de Dieu par la puissance de l'esprit*. Je sais seulement que
celui sur la tombe duquel on pourra
écrire ce grand mot : IL A ÉTÉ UN HOMME,
s'entendra dire par le juge : tu as été
fidèle quand je t'avais confié peu de
chose ; sois-le encore : je t'en confie
beaucoup plus.

Par combien d'ascensions, de transformations, de transfigurations succes-
sives, toujours plus triomphantes, nous
élèverons-nous à travers l'éternité ? Nul
ne le sait. Mais je sais encore ceci : que
la loi du progrès est éternellement im-

muable; que la morale et la religion de l'Evangile renferment, aujourd'hui même, l'infini avec tous ses germes de grandeur et de gloire. Le suprême conseil que nous donneront toujours les êtres supérieurs que nous apprendrons à connaître là haut ou que nous y retrouverons, le suprême précepte de Jésus, le suprême appel de Dieu, restera le même à jamais et retentira au fond de nos consciences, éternellement répété par tous les échos de toutes les sphères : *Soyez parfaits comme votre Père est parfait.*

PUBLICATIONS
DE M. ATHANASE COQUEREL FILS

CONFÉRENCES PATRIOTIQUES

La Guerre (au théâtre du Prince-Impérial). Br. in-8. 1869.

De l'Etroitesse d'Esprit de la Société actuelle. (Cirque des Champs-Elysées.) Br. in-4. 1870.

De la Poudre et du Pain. (Théâtre de la Porte Saint-Martin.) Br. in-8. 1870.

Mendelssohn et la Réformation. (Cirque national.) Br. in-8. 1870.

Des moyens de faire durer la République. (Club de la Porte Saint-Martin.) Br. in-8. 1870.

Le Rachat de la France. (Cirque des Champs-Elysées.) Br. in-4. 1872.

Libres paroles d'un assiégé. 1 vol. in-12. 1871.

ÉTUDES HISTORIQUES

Jean Calas et sa famille. 2e édit. 1 vol. in-8. 1869.

Vie et Mort de Wolfgang Schuch. Br. in-8. 1854.

La Saint-Barthélemy. Strasbourg. Br. in-8. 1859.

Vie, opinions et écrits d'A. F. T. du Fossé. Strasbourg. Br. in-8. 1861.

Précis de l'histoire de l'Eglise réformée de Paris (1512-1594). Strasbourg. 1 vol. in-8. 1862.

Les Forçats pour la foi. 1 vol. in-12. 1866.
Des Premières transformations historiques du Christianisme. 1 vol. in-12. 1869.
Histoire du Credo. 1 vol. in-12. 1868.

BEAUX-ARTS

Des Beaux-Arts en Italie au point de vue religieux. 1 vol. in-12. 1857.
Rembrandt et l'Individualisme,dans l'art. 1 vol. in-18. 1869.
Henry Regnault. — Son œuvre. Conférence. Br. in-4. 1872.

ÉCRITS DIVERS

Libres Etudes. 1 vol. in-8. 1868.
Topographie de Jérusalem au temps de Jésus-Christ. Strasbourg. Br. in-8. 1843.
Le plus grand commandement appliqué au progrès de la foi. Nîmes. Br. in-8. 1844.
Affirmation chrétienne. Br. in-12. 1854.
Le Passé et le Présent de la Société biblique de Paris. Br. in-8. 1863.
Le Catholicisme et le Protestantisme considérés dans leur origine, etc. Br. in-8. 1864.
La Conscience et la Foi. 1 vol. in-12. 1867.

DISCOURS DIVERS

Discours aux funérailles de M. G. Kastner, de l'Institut. *(L'Art musical.)* In-4. 1867.
Meeting en faveur des esclaves affranchis des Etats-Unis (avec MM. Laboulaye, Sunderland, etc.) Br. in-8. 1865.
Discours sur la tombe d'Eug. Haag. Br. in-8. 1865.
*Discours à l'inauguration d'un atelier de joail-

lerie. (Avec MM. Rouvenat, Lourdel, etc.)
Br. in-12. 1867.
Pourquoi la France n'est pas protestante.
2ᵉ édit. Br. in-8. 1866.
De l'Education des filles. Réponse à Mgr Du-
panloup. Br. in-8. 1868.

SERMONS

Sermons et homélies. 2 vol. in-12. 1855-1858.
Trois sermons prêchés à Nîmes. Br. in-12. 1862.
L'abaissement du fils de Dieu. Br. in-8. 1849.
Le culte tel que Dieu le demande. Br. in-8. 1853.
Union et liberté en Jésus-Christ. Br. in-12. 1853.
La tradition protestante. Br. in-12. 1858.
3ᵉ Jubilé séculaire de l'Eglise réformée de
France. Br. in-12. 1859.
Le Ministère de l'Esprit. Br. in-8. 1861.
Les Minorités chrétiennes. Br. in-8. 1862.
Elan vers Dieu. Br. in-8. 1862.
La Solidarité chrétienne (pour les ouvriers co-
tonniers). Br. in-12. 1863.
Que doit être l'autorité du Ministre de Jésus-
Christ? Br. in-8. 1863.
L'Unité de l'Eglise. Br. in-8. 1864.
Sermon d'adieu. 5ᵉ édit. Br. in-8. 1864.
Profession de foi chrétienne. Br. in-8. 1864.
Les choses anciennes et nouvelles. Br. in-8.
1864.
L'égoïsme devant la croix. Br. in-8. 1864.
Le bon Samaritain. Br. in-8. 1864.
La Science et la Religion. Br. in-8. 1864.
Les deux méthodes. Strasbourg. Br. in-8.
1864.
La Charité sans peur. Br. in-8. 1866.
Evangile et liberté. Br. in-8. 1868.

La Vie et la Mort des Religions. Br. in-8. 1869.
La Suisse et la France. Br. in-8. 1868.
La seule chose nécessaire. Br. in-12. 1869.
Au Dieu unique. Br. in-8. 1869.
Discours d'inauguration de la salle Saint-André.
Br. in-8. 1870.
Le Père, le Fils et le Saint-Esprit. Br. in-8.
1870.

ÉDITIONS

Voltaire. Lettres inédites sur la tolérance.
1 vol. in-12. 1863.
Samuel Vincent. Méditations religieuses. *(Notice.)* 1863.
Samuel Smiles. Les Huguenots en Angleterre
(trad. franç.) 1 vol. in-8. 1870.
Dr *J.-C. Coquerel.* Lettres d'un marin à sa famille (avec M. Et. Coquerel). 1 vol. in-12.
1870.
Eugène Haag. Théologie biblique (avec M. O.
Douen). Notice. 1 vol. gr. in-8. 1870.

COLLABORATION A DIVERS OUVRAGES

La sainte Bible, traduction nouvelle par une
réunion de pasteurs (la 8e livraison va paraître).
Dictionnaire politique de M. Maurice Block.
2 vol. in-8. 1863-1864. (2e édit., sous presse.)
Paris-Guide. (Les temples protestants.) 2 vol.
gr. in-12. 1867.

LA RENAISSANCE

Revue de la Semaine politique, religieuse, philosophique et littéraire. 32e année du *Lien,*
paraissant le samedi. (Avec M. E. Coquerel.)
— Un an : 10 fr.